KÖLNER HAIE

Wie geht das?

J.P. BACHEM VERLAG

Lieber Haie-Fan,

Eishockey ist für mich der schönste Sport der Welt. Er ist rasend schnell, wird niemals langweilig und die Stimmung ist einfach unschlagbar. Am allerbesten ist sie natürlich bei den Kölner Haien, meiner absoluten Lieblings-Eishockeymannschaft. Wir haben nämlich die besten Fans, die es überhaupt gibt. Du gehörst auch dazu? Dann ist dieses Buch genau das Richtige für Dich!

Hier erfährst Du alles, was Du über den KEC und das Eishockey wissen musst. Hast Du zum Beispiel geahnt, dass in Köln das bisher längste Spiel der Deutschen Eishockey Liga stattfand und die Haie es sogar gewonnen haben? Wolltest Du schon immer mal besser verstehen, welche Aufgaben die Spieler auf den verschiedenen Positionen haben? Oder hast Du Dich schon immer gefragt, wie eigentlich das Eis auf die Spielfläche kommt? Damit Du jederzeit ganz genau Bescheid weißt, was während eines Spiels passiert, habe ich alle wichtigen Informationen zusammengetragen. Vielleicht kannst Du danach ja sogar selbst in die Schlittschuhe schlüpfen und als Spieler das Eis unsicher machen. Beim KEC bekommt jeder die Chance, sich im Trikot der Junghaie zu beweisen.

Nun wünsche ich Dir viel Spaß mit all den spannenden Infos rund um unseren Lieblingsverein. Und ich freue mich, wenn Du die Haie demnächst einmal besuchen kommst, wenn es wieder heißt: Auf geht's Haie, kämpfen und siegen!

Ich bin jetzt noch mit meiner Freundin Sharkeline verabredet, wir müssen noch ein bisschen für meinen Sharky Dance üben …!

**Dein
Sharky**

Übrigens: ✳

Begriffe, die Du vielleicht noch nicht kennst, sind im Buch mit einem Stern markiert. Im Kölner Haie 1x1 auf den Seiten 62 und 63 erklären wir Dir diese Wörter.

INHALT

GESCHICHTE & FAKTEN

Warum werden **manche Trikotnummern** bei den Haien nicht mehr vergeben?

Wo fand das **erste Eishockeyspiel** statt?

Wie schnell flitzen die Profis über **das Eis**?

Wie viel wiegen die **Beinschoner** eines **Goalies**?

Typisch!

Jede Sportart hat ihre eigenen Merkmale.
Was Eishockey so besonders macht,
erklären wir Dir auf diesen Seiten.

Weltrekord

Bestimmt hast Du schon einmal darüber gestaunt, in welchem Tempo sich Fußballprofis
gegenseitig Pässe zuspielen und den Ball ins Tor schießen. Das ist aber noch gar nichts
im Vergleich zu Eishockeyspielern. Eishockey gilt als die schnellste Mannschaftssportart
der Welt. Die Profis auf dem Eis bringen es auf 50 bis 60 km/h. Wenn Du bedenkst, dass
die Bremswege vor der Bande sehr kurz sind, wird Dir schnell klar, dass es auf Technik
und Konzentration ankommt, um keine unsanfte Bekanntschaft mit der Bande zu machen.
Zuschauer, die die Schnelligkeit nicht gewohnt sind, haben es zu Beginn schwer,
dem Spiel zu folgen. Aber keine Angst! Schon nach ein paar Spielen siehst
Du vieles ganz genau und entdeckst immer neue Spielzüge und die
Tricks der Spieler.

Puck

Der Puck besteht aus Hartgummi. Er ist 2,54 Zentimeter hoch und hat einen Durchmesser
von 7,62 Zentimetern. Das Gewicht darf zwischen 156 und 170 Gramm variieren. Der Puck
kann über 180 km/h schnell werden. Hinter den Toren befinden sich Fangnetze. Schüsse,
die über die Bande gehen, landen dort. Weil es seitlich keine Fangnetze gibt, kommt es
manchmal vor, dass ein Puck in die Zuschauerränge fliegt. Achte deshalb immer darauf,
wo der Puck gerade ist, dann kann Dir nichts passieren!

Fans

Eishockey ist ein extrem friedlicher Sport. Trotz aller Fanrivalitäten gibt es nahezu keine Gewalt unter den Zuschauern. Damit ist ein Eishockeyspiel ein guter Anlass, einen Familienausflug zu unternehmen. Auf dem Eis geht es zwar manchmal etwas härter zu, aber auch dafür gibt es Regeln. Wenn der Gegner am Boden liegt, ist Schluss. Ein Ritual ist der sogenannte ✶ **HANDSHAKE**, bei dem sich beide Teams am Ende des Spiels die Hände geben.

HANDSHAKE

Fachsprache

Beim Eishockey gibt es einige Fachausdrücke, die etwas gewöhnungsbedürftig sind. Steht es nach dem letzten Drittel unentschieden, geht es in die Verlängerung. Sobald ein Team nun den Führungstreffer erzielt, ist das Match entschieden und zu Ende – in der Eishockeysprache heißt das „Sudden Death" (englisch für „plötzlicher Tod"). Mit anderen Worten: Der Führungstreffer in der Verlängerung ist zugleich auch der Siegtreffer. Die Box zwischen den beiden Spielerbänken heißt „**SUICIDE BOX**", das heißt übersetzt „Selbstmordbox". In früheren Zeiten standen dort nämlich die Fotografen und haben auch schon einmal einen Puck abbekommen. Außerdem gibt es jede Menge ✶ **TRASH TALK** zwischen den Spielern, um den Gegner ein wenig zu provozieren und ihn dadurch vom Spiel abzulenken.

SUICIDE BOX

TRASH TALK

WELTMEISTERWISSEN

Im Jahr 1877 kam der Student William Fleet Robertson von der McGill-Universität in Montreal/Kanada auf die Idee, die bis dahin verwendeten Gummibälle einfach so lange zurechtzuschneiden, bis eine Scheibe übrig blieb. Eine ziemlich geniale Idee und die Basis für das Eishockeyspiel, wie wir es heute kennen. Den Schlagschussrekord hält übrigens der russische Eishockeynationalspieler **ALEXANDER RYAZANTSEV** mit einer Geschwindigkeit von 183,7 km/h!

ALEXANDER RYAZANTSEV

Geschichtsstunde

Wer hat sich das wohl ausgedacht? Eine Sportart, bei der Spieler mit Eisen an den Füßen und einem Stock in der Hand versuchen, ein Objekt in ein kleines Tor zu schießen! Das Eishockeyspiel hat sich langsam entwickelt und ist auf unterschiedliche Einflüsse zurückzuführen.

Die Anfänge

Der Ursprung des Eishockeys liegt im heutigen Kanada. Die indianischen Ureinwohner Kanattas – so hieß Kanada damals – spielten schon im 16. Jahrhundert verschiedene Ballspiele. Mitte des 18. Jahrhunderts kamen Soldaten aus England nach Kanada und brachten ihre Spiele ✳ **Hurling** und ✳ **Shinney** mit. Es ging darum, einen Ball mit einem Schläger in ein Tor zu befördern. 1856 lernten die Royal Canadian Rifles, ein britisches Militärregiment, auf den zugefrorenen Hafenbecken der kanadischen Städte Kingston und Halifax das Eislaufen und übertrugen ihr Shinney-Spiel schnell auf das Eis. Studenten aus Montreal entwickelten hierfür Spielregeln, allerdings noch ohne Torwart.

Aus Shinney wird Eishockey

Das erste Eishockeyspiel in einer Halle fand wohl am 3. März 1875 im Victoria Skating Rink, dem Eisstadion in Montreal, statt – und zwar vor immerhin circa 500 Zuschauern. Die Studenten führten einen Torhüter, Schiedsrichter und Trikots ein, hatten feste Regeln ausgearbeitet und gründeten dann an der McGill-Universität in Montreal den ersten Eishockeyclub der Welt.

Entwicklung der Regeln

Die damalige Mannschaft bestand aus neun Mann pro Team: einem Torhüter, zwei Verteidigern, zwei Mittelfeldspielern und vier Stürmern. Für die Einhaltung der Regeln sorgten zwei Schiedsrichter. Es gab zunächst noch keine blauen oder roten Linien. Besonders die blaue Linie veränderte das Spiel, weil bis dahin jeder zu jeder Zeit einfach vor dem gegnerischen Tor warten konnte, bis er den Puck bekam, und dann auf das Tor schießen durfte. Heute wird das als „Abseits" gepfiffen. Als man erkannte, dass Eishockey schmerzhaft sein kann, bekamen die Torhüter Schutzausrüstungen. Etwa ab 1900 wurde das Eishockeyspiel auch in Europa bekannt. 1903 gab es mit den London Canadians auf dem europäischen Kontinent erstmals einen Landesmeister im Eishockey. Das erste internationale Spiel in Europa fand zwischen Teams aus London und Paris statt. Daraufhin entstanden europaweit eigene Eishockeyverbände – oder das Eishockey wurde in bereits bestehende Sportverbände aufgenommen.

Eishockey im Jahr 1881: Studenten der McGill-Universität in der kanadischen Stadt Montreal.

Die McGill-Studenten legten fest, dass für Eishockeyspiele auch Schiedsrichter, Trikots und einheitliche Regeln nötig sind. Außerdem gründeten sie den ersten Eishockeyclub der Welt.

„Als jugendlicher Eishockeyspieler habe ich sportlich und als Mensch viel gelernt – durch die Erfolge, aber auch die Misserfolge. Natürlich werde ich niemals das Gefühl vergessen, als ich die Meisterschale in den Händen hielt. Durch das intensive Zusammenleben im Sport habe ich viele Freundschaften geschlossen, die bis heute halten. Schon deshalb finde ich, dass Sport lebenswichtig ist für junge Leute und ihre Entwicklung."

Detlef Langemann, Kapitän der Meistermannschaft von 1977. Er absolvierte fast 400 Spiele für den KEK und 200 Spiele für den KEC. Dabei schoss der Mittelstürmer insgesamt 300 Tore.

1986

Die Meistermannschaft von 1986 mit Trainer Hardy Nilsson, der sein Team auch 1987 und 1988 zum Titel führte.

1987

1977

1995

2002

UDO KIESSLING

Wie das Eishockey nach Köln kam

Hättest Du gedacht, dass in Köln bereits seit über 80 Jahren Eishockey gespielt wird? Als eine kleine Gruppe begeisterter Eissportler im Jahr 1936 den Kölner Eis-Klub (KEK) gründete, spielte dort nämlich auch eine Eishockeymannschaft. Diese trennte sich jedoch im Jahr 1972 vom KEK und gründete ihren eigenen Verein. Der „Kölner Eishockey-Club ‚Die Haie' e. V." war geboren.

Meilensteine

1977 holten die Haie unter Kapitän Detlef Langemann mit Torjäger **ERICH KÜHNHACKL** und Trainer **GERHARD KIESSLING** die erste Meisterschaft nach Köln. Sieben weitere Titel folgten, bis der Verein vor einer großen Veränderung stand: Nachdem die Haie 26 Jahre im Eisstadion des KEK an der Lentstraße gespielt hatten, zogen sie 1998 auf die andere Rheinseite um. Und zwar in die neu erbaute Kölnarena (heute LANXESS arena). Nun konnten mehr als doppelt so viele Fans die Haie unterstützen. Vier Jahre nach dem Umzug holten sie unter Kapitän Mirko Lüdemann den achten Titel – die erste Meisterschaft in der neuen „Haimat".

HELMUT „MOLLY" BERGER

Er gehört zu den „Urvätern" des Kölner Eishockeys: HELMUT „MOLLY" BERGER kam 1956 mit knapp 17 Jahren zu seinem ersten Einsatz in der Seniorenmannschaft des Kölner EK. Sein erstes Tor erzielte er 1957 – der gegnerische Schlussmann war kein Geringerer als der damalige Nationaltorhüter Heinz Wackers.

GERHARD KIESSLING

Erich Kühnhackl schaffte 1978/1979 117 Punkte in einer Spielzeit – eine bei den Haien bis heute unerreichte Punktzahl in einer Saison.

ERICH KÜHNHACKL

Besondere Auszeichnung für besondere Spieler: Unter dem Dach der LANXESS arena schweben die Ehrenbanner.

KJELL-RUNE MILTON

Ganz besondere Haie

In der Geschichte der Kölner Haie gibt es Spieler, die unvergessen bleiben. Die Fans verehren sie wegen ihrer herausragenden Leistungen auf dem Eis, ihres besonderen Engagements für den Verein und seine Fans. Bei Heimspielen kannst Du über der Nordkurve an der Decke der LANXESS arena Ehrenbanner mit ihren Namen entdecken. Um zu zeigen, wie bedeutend die Spieler für den KEC sind, werden ihre alten Trikotnummern nicht noch einmal vergeben. Zu diesen legendären Spielern gehören zum Beispiel Detlef Langemann, der den KEC 1977 und 1979 als Kapitän zur Meisterschaft führte, oder **UDO KIESSLING**, der gemeinsam mit den Haien ganze sechs Meistertitel gewann und im Jahr 1976 bei den Olympischen Winterspielen mit der deutschen Nationalmannschaft sogar die Bronzemedaille holte. Auch der ehemalige Keeper Joseph „Peppi" Heiß gehört zur Riege der unvergessenen Haie. Mit der Nummer 1 auf dem Rücken gewann er gemeinsam mit dem KEC 1995 die deutsche Meisterschaft.

„Die Haie waren für mich etwas Besonderes, als ich in den 1980er-Jahren noch Nachwuchsspieler war. Sie galten mit Abstand als die beste Eishockeymannschaft Deutschlands – viermal deutscher Meister und gespickt mit Nationalspielern wie Kießling, Truntschka oder Steiger. Ich bin stolz, dass ich in die Fußstapfen solcher Größen treten konnte und zu den ‚Auserwählten' gehöre, deren Nummer nicht mehr vergeben wird."

Jörg Mayr spielte von 1989 bis 2002 für die Haie. Der Verteidiger wurde mit dem Team zweimal deutscher Meister und viermal Vizemeister.

Immer gut geschützt

Bist Du schon einmal beim Schlittschuhlaufen hingefallen oder mit einem anderen Läufer zusammengestoßen? Dann weißt Du, dass das ziemlich schmerzhaft sein kann. Eishockeyspieler krachen ständig ineinander und stürzen. Goalie Gustaf Wesslau und Stürmer Jean-François Boucher zeigen, wie sich die Profis vor Verletzungen schützen, aber gleichzeitig extrem beweglich und schnell bleiben.

GOALIE-MASKE

FANGHANDSCHUH

STOCKHANDSCHUH

Der Goalie

Der Torwart heißt beim Eishockey ✳ **Goalie** und muss natürlich ganz besonders gut geschützt sein. Er hat ja die Aufgabe, Pucks mit einer Geschwindigkeit von bis zu 170 km/h zu blocken und zu fangen. Schwerstes Ausrüstungsteil sind die Beinschoner des Goalies. Sie dürfen je 28 Zentimeter breit sein und wiegen zusammen etwa fünf Kilogramm. Der Brustpanzer und die Hose sind gemeinsam mehr als drei Kilogramm schwer. Die Schlittschuhe wiegen rund 2,5 Kilogramm. Mit Fang- und Stockhandschuh, Tief- und Halsschutz kommen damit gut 20 Kilogramm Ausrüstungsgewicht zusammen.

BEINSCHONER

GOALIE-SCHLITTSCHUH

WELTMEISTERWISSEN

Im deutschen Eishockey gibt es eine Helmpflicht. Spieler unter 18 Jahren und Frauen müssen dazu auch ein Vollvisier, also ein Gitter vor dem Gesicht, tragen. Alle anderen Spieler dürfen wählen, ob sie ein Gitter oder nur ein Halbvisier aus Plexiglas tragen möchten. Die Eishockeyprofis spielen alle nur mit Halbvisier. Sie verlieren deshalb aber im Laufe ihrer Karriere den ein oder anderen Zahn. Besser also mit Gitter vor dem Gesicht aufs Eis!

HELM MIT HALBVISIER

HANDSCHUHE

SCHULTERSCHUTZ

Der Spieler

Beweglich bleiben und dennoch vor dem Aufprall und dem Puck geschützt sein: Die moderne Eishockeykleidung macht's möglich. Sie ist ähnlich aufgebaut wie die gute, alte Ritterrüstung, aber wesentlich leichter und flexibler. Zehn Kilogramm wiegt die Ausrüstung eines Spielers, also nur halb so viel wie die eines Goalies.

ELLBOGENSCHUTZ

SCHIENBEINSCHUTZ

HOSE

SCHLITTSCHUHE

TIEFSCHUTZ

„Als Torhüter und mit der Trikotnummer 1 durfte ich immer als Erster aufs Eis – das ist schon ein tolles Gefühl, aus dem ‚Haimaul' herauszulaufen, wenn das ganze Stadion Dich erwartet. Meinen Gesichtsschutz, die ‚Hai-Maske', habe ich mit spitzen Haifischzähnen lackieren lassen. Dadurch wollte ich mich noch mehr mit meinem Club, den Haien, identifizieren."

Joseph „Peppi" Heiß, Torwart der Haie von 1988 bis 2001. Nicht nur seine Leistung auf dem Eis, auch sein Abschiedsspiel gilt als einmalig: Es fand nämlich im alten Stadion an der Lentstraße statt, wo ein von ihm zusammengestelltes Team gegen den damaligen Kader des KEC antrat.

Wie ein Flitzebogen

Er sorgt dafür, dass der Puck mit einer Geschwindigkeit von bis zu 170 km/h durch die Luft saust: Der Schläger ist das wichtigste Arbeitsgerät für jeden Eishockeyspieler.

Griff und Kelle

Eishockeyschläger sind circa 150 bis 200 Zentimeter lang und haben die Form des Buchstabens L. Sie bestehen aus einem langen Griff und einer Kelle am unteren Ende. Diese Kelle ist etwa 25 bis 40 Zentimeter lang und steht in einem 135-Grad-Winkel vom Schlägerschaft ab. Außerdem ist sie – je nachdem, ob der Spieler Links- oder Rechtsschütze ist – entweder leicht nach links oder rechts gebogen.

Material

Bis vor circa 30 Jahren bestanden die Schläger noch aus verschiedenen Holzschichten. Sie waren dadurch recht schwer und nicht besonders biegsam. Heute sind die meisten Schläger nicht mehr aus Holz gefertigt, sondern aus einer Kombination verschiedener Kunststoffe, insbesondere aus Carbon. Sie sind daher sehr leicht und biegsam.

Biegung

Je nachdem, wie die Kelle gebogen ist, verhält sich der Schläger beim Schuss unterschiedlich. Jeder Spieler hat hier seine eigene Philosophie. Das Gleiche gilt für die Frage, wie biegsam der Schläger ist. Der Grad der Biegsamkeit ist besonders für die Schusstechnik von Bedeutung.

Schusstechnik

Wie kommt es eigentlich, dass ein Puck bis zu 170 km/h schnell werden kann, nur weil ein Spieler ihn mit einem Schläger trifft? Die Antwort ist ganz einfach: Der Spieler berührt mit seinem Schläger zunächst das Eis und erst danach den Puck. Auf diese Weise biegt sich der Schläger durch und trifft wie ein Flitzebogen und dadurch mit größerer Geschwindigkeit den Puck.

WELTMEISTERWISSEN

Leider gehen im Profisport die Schläger leicht kaputt. Sie brechen beim Schuss oder werden dem Spieler zu weich. Jeder Profi benötigt daher pro Saison etwa 40 bis 50 Schläger! Ein Exemplar kostet ungefähr 200 Euro. Für Hobbyspieler reichen allerdings ein bis zwei Schläger für einige Jahre aus.

DAS SPIEL UND SEINE REGELN

Welche **Aufgaben** hat ein **Center**?

Wer ist der **erfolgreichste** ausländische Spieler der Haie?

Warum sind **Stürmer** und **Verteidiger** in Reihen organisiert?

Wer spielt in der **Traditionsmannschaft**?

FACE-OFF

Penalty, Abseits, Icing ...

Blick nach unten: Wenn das Spiel am Beginn eines Drittels oder nach einer Unterbrechung wieder angepfiffen wird, gibt es ein Bully. Zwei gegnerische Spieler stehen sich dabei an einem Bully-Punkt gegenüber, und der Linienrichter wirft den Puck ein.

Eishockeyspiele sind niemals langweilig. Warum das so ist? Das liegt an der Geschwindigkeit, der Stimmung … Aber letztlich sorgen auch die Spielregeln dafür, dass es jede Sekunde spannend bleibt.

Spielzeit

Ein Eishockeyspiel besteht aus drei Dritteln. Es gibt also keine Halbzeitpause, sondern zwei Drittelpausen. Ein Drittel dauert 20 Spielminuten. Bei jeder Unterbrechung wird die Uhr angehalten, sodass ein Drittel insgesamt tatsächlich 35 bis 40 Minuten dauert. Mit Pausen – jeweils 15 bis 18 Minuten – geht ein Spiel über zwei Stunden. Und es kann noch eine Verlängerung geben!

Zeitmessung

Die **ZEITMESSER** haben eine sehr wichtige Aufgabe, denn beim Eishockey geht es um jede Sekunde. Deshalb müssen sie die Uhr exakt betätigen, das heißt sie bei jeder Spielunterbrechung genau stoppen und wieder aktivieren. Strafzeiten der Spieler müssen auf der Anzeigentafel korrekt erscheinen und ebenfalls genau gestoppt werden. Manchmal wird die Uhr auch zurückgestellt, wenn das ∗ Face-Off wiederholt werden muss. Da ist höchste Konzentration gefragt!

ZEITMESSER

Penalty-Schießen steht natürlich auch schon bei den Nachwuchsspielern der Haie auf dem Trainingsplan.

Kein Unentschieden!

Steht es nach 60 Spielminuten unentschieden, dann ist das Spiel nicht beendet. Jedes Team hat dann aber schon einmal einen Punkt erkämpft. Es folgt eine Verlängerung von fünf Spielminuten, in der jede Mannschaft nur drei statt fünf Spieler und den Torwart auf das Eis schicken darf. Dadurch gibt es mehr Platz auf dem Eis und es fällt schneller ein Tor. Schießt ein Team in diesen fünf Minuten ein Tor, dann ist das Spiel sofort beendet und der Gewinner bekommt einen Zusatzpunkt. Steht es danach immer noch unentschieden, folgt ein sogenanntes ✴ Penalty-Schießen. Dabei laufen nacheinander und abwechselnd von jedem Team drei Spieler alleine vom Mittelpunkt auf den gegnerischen Torwart zu und versuchen, ein Tor zu schießen. Das geht so lange weiter, bis ein Team trifft und das andere nicht. Der Sieger bekommt den Zusatzpunkt. Es gibt also kein Unentschieden im Eishockey!

WELTMEISTERWISSEN

In den Play-offs gibt es kein Penalty-Schießen, es wird so lange weitergespielt, bis ein Tor fällt. 168 Minuten und 16 Sekunden dauerte die Partie zwischen den Kölner Haien und Meister Adler Mannheim im dritten Play-off-Viertelfinale am 23. März 2008, bis ein Sieger feststand. Nach sechs Verlängerungen über jeweils 20 Spielminuten setzten sich die Haie schließlich durch und Philip Gogulla schoss das Tor. Nur ein einziges Spiel in der Eishockey-Historie hat die Zuschauer noch länger auf die Folter gespannt: Am 13. März 2017 bezwangen die Storhamar Dragons die Sparta Warriors Sarpsborg in der norwegischen Eishockeyliga erst nach 217 Minuten und 14 Sekunden Spielzeit.

Die Junghaie zeigen Dir eine typische Abseits-situation: Der Spieler ist vor dem Puck in die Angriffszone, also über die blaue Linie, gelaufen.

Abseits

Sich einfach vor das Tor stellen und warten, bis der Puck kommt, wäre ja langweilig. Deshalb gibt es auch im Eishockey eine Abseitsregel: Wer auf das Tor des Gegners zustürmt, darf nicht über die blaue Linie in die gegnerische Hälfte fahren, bevor der Puck diese Linie überschritten hat. Wenn der Puck aus dem Angriffsdrittel herausgespielt wurde, müssen alle Angreifer zunächst das Angriffsdrittel verlassen und dürfen erst wieder rein, sobald der Puck wieder im Angriffsdrittel ist. Die blaue Linie wird daher von der verteidigenden Mannschaft besonders bewacht, denn wenn die Angreifer erst einmal im Angriffsdrittel sind, wird es gefährlich! Pfeift der Schiedsrichter Abseits, wird das Spiel unterbrochen.

Torraumabseits

Das Tor im Eishockey ist sehr klein und deshalb ist es schwierig, Tore zu erzielen, wenn der Torwart freie Sicht auf den Schützen hat. Aus diesem Grund stellt sich ein Angreifer häufig vor den gegnerischen Torwart, um ihm die Sicht zu nehmen und den Schuss auch noch abzufälschen. Um den Torwart zu schützen, ist es den Spielern nur dann erlaubt, im Torraum des Gegners zu stehen, wenn der Puck sich ebenfalls dort befindet. Sonst pfeift der Schiedsrichter Torraumabseits und unterbricht so das Spiel. Wurde der Puck zuvor über die Torlinie geschossen, zählt der Treffer nicht.

Nur wenn sich der Puck bereits im Torraum des Gegners befindet, darf auch der Angreifer dort stehen. Hier siehst Du eine typische Torraumabseitssituation die zwei Junghaie für Dich nachgestellt haben.

Unerlaubter Weitschuss (Icing)

Schnell den Puck aus dem Verteidigungs-
drittel in das Angriffsdrittel spielen – klingt
zwar gut, ist aber verboten. Ein Pass darf
nämlich nicht von der eigenen Spielfeldhälfte
bis hinter die gegnerische Torlinie geschossen
werden, ohne dass der Puck unterwegs noch
einmal berührt wird. Bei einem solchen
Weitschuss pfeift der Schiedsrichter Icing.
Das Spiel wird also unterbrochen und mit
einem Bully fortgesetzt. Eine Ausnahme
gibt es nur, wenn ein Team in Unterzahl
spielt, weil ein Spieler auf der Strafbank
sitzt. In solchen Situationen darf der Puck
ziellos aus dem eigenen Drittel geschossen werden
(Befreiungsschlag), ohne dass Icing gepfiffen wird.
Außerdem können Spieler in diesem Fall von überall
ein Tor schießen.

Klarer Fall von unerlaubtem Weitschuss: Der
Spieler schießt den Puck aus der eigenen
Spielfeldhälfte direkt in das Angriffsdrittel.

Beim Bully will natürlich
jeder Spieler den Puck
erobern. Deshalb steht
das Bully auch auf dem
Trainingsplan der Nach-
wuchsspieler.

Bully (Face-Off)

Es gibt viele Gründe dafür, ein Spiel zu unterbrechen und die Uhr anzuhalten – zum Beispiel nach
einem Foul, nach Icing, Abseits oder wenn der Puck über die Bande geschossen wurde. Der Linienrichter wirft danach den Puck wieder ein. Das nennt man Bully oder auch ∗ Face-Off. Zu Spielbeginn
erfolgt das Bully im Mittelkreis, nach Spielunterbrechungen entweder in einem der beiden Bullykreise
vor dem Tor oder an einem der insgesamt vier Bullypunkte im Mitteldrittel der Eisfläche. Beim
Bully versucht jeder Spieler, den Puck zu erobern.

Die Mannschaft

Machst Du in einer Sportmannschaft mit, vielleicht im Fußball- oder Handballverein? Dann weißt Du, wie wichtig es ist, dass jeder Spieler eine bestimmte Position einnimmt und mit den anderen Positionen zusammenarbeitet. Das ist beim Eishockey genauso. Denn nur auf diese Weise kann das Zusammenspiel im Team reibungslos funktionieren.

Auf dem Eis

Neben dem **TORWART** stehen bei jeder Mannschaft fünf Spieler auf dem Eis: drei **STÜRMER** und zwei **VERTEIDIGER**. Während bei den Verteidigern nur ein Links- und ein Rechtsverteidiger im Einsatz sind, gibt es bei den Stürmern neben dem Links- und Rechtsaußen auch einen **MITTELSTÜRMER**, den Center. Er hat im Wesentlichen die Aufgabe, sich bei Angriff und Verteidigung zwischen beiden Toren zu bewegen, dem gegnerischen Torwart die Sicht zu nehmen und das eigene Tor gemeinsam mit den Verteidigern zu beschützen.

Die Special Teams

Werden Spieler vom Schiedsrichter auf die Strafbank geschickt – dies geschieht ungefähr fünf- bis zehnmal pro Spiel –, gerät ihr Team in Unterzahl und damit in eine brandgefährliche Situation! Die gegnerische Mannschaft versucht natürlich, ihre Überzahl dafür zu nutzen, ein Tor zu erzielen. Damit das gelingt beziehungsweise verhindert wird, schicken die Trainer ihre Spezialisten für solche Situationen auf das Eis. Sie werden auch „Special Teams" genannt. Bei der Mannschaft in Überzahl handelt es sich um besonders schussstarke Verteidiger und besonders wendige Stürmer, die ein sehr gutes Auge für das Passspiel besitzen. Diese versuchen, sich im Angriffsdrittel festzusetzen, den Gegner einzukreisen und den Puck so lange hin und her zu passen, bis sich eine gute Schussgelegenheit bietet. Die Spieler der verteidigenden Mannschaft müssen besonders kampfstark sein und dürfen keine Angst haben, sich direkt in einen Schuss zu werfen, um ihn abzublocken.

Wechsel

Eishockey ist laufintensiv und anstrengend. Deshalb werden die Spieler auf dem Eis in der Regel alle 40 bis 100 Spielsekunden ausgewechselt. Diese Wechsel erfolgen auch während des laufenden Spiels, ohne dass es unterbrochen werden muss, das nennt man „fliegender Wechsel". Eine Mannschaft besteht also nicht nur aus drei Stürmern und zwei Verteidigern, sondern aus bis zu 13 Stürmern und bis zu sieben Verteidigern. Außerdem sitzt noch ein Ersatztorwart auf der Bank.

Schön der Reihe nach

Die Wechsel beim Eishockey sind perfekt organisiert, sonst würde das pure Chaos ausbrechen. Keiner wüsste, wer für wen auf das Eis geht, und es befänden sich sicherlich schnell mehr als fünf Spieler auf dem Eis, was wiederum eine Zwei-Minuten-Strafe zur Folge hätte. Deshalb sind Stürmer und Verteidiger in Reihen organisiert. Jede Sturmreihe besteht aus drei, jede Verteidigerreihe aus zwei Spielern. Bei 13 Stürmern gibt es also vier Reihen und einen Spieler, der je nach Spielsituation „dazugemischt" wird. Bei sieben Verteidigern gibt es drei Reihen mit einem Zusatzspieler. Lässt es die Spielsituation zu, wechseln die Reihen immer komplett durch. Die jeweils erste Reihe ist das Prunkstück des Teams und besteht aus besonders erfahrenen Spielern. Die dritte und vierte Reihe besteht in der Regel aus jüngeren Spielern und hat eher die Aufgabe, den Puck vom eigenen Tor fernzuhalten.

Heimvorteil

Das Heimteam besitzt das letzte Wechselrecht. Das bedeutet: Bei Wechseln nach Unterbrechungen kann sich der Trainer zunächst ansehen, welche Reihen der Gegner auf das Eis schickt. Entscheidet sich der Gegner etwa für die erste Reihe, wird der Heimtrainer ebenfalls eine möglichst starke Reihe wählen. Manchmal entscheidet er sich jedoch bewusst für eine schwächere Reihe, um kurz danach die stärkste Reihe zu schicken. In jedem Fall besteht ein taktischer Vorteil für das Heimteam!

WELTMEISTERWISSEN

Kölner Haie aus der ganzen Welt

Der bis jetzt erfolgreichste ausländische Spieler der Kölner Haie ist **MIRO SIKORA**. Er stammt aus Polen, nahm jedoch nach ein paar Jahren in Deutschland die deutsche Staatsbürgerschaft an. Er spielte insgesamt 16 Jahre in Köln, wobei er 442 Tore erzielte und 396 Torvorlagen („Assists") gab. Nach Sikora hält der Kanadier Dave McLlwain mit 162 Toren und 324 Vorlagen den zweiten Platz. Der drittbeste ausländische Spieler bei den Haien ist mit 148 Toren und 154 Vorlagen der Slowake Ivan Ciernik.

MIRO SIKORA

Das Traditionsteam bestreitet regelmäßg Freundschaftsspiele und nimmt an Eishockeyturnieren auf der ganzen Welt teil.

Die Traditionsmannschaft

Was machen die Profis der Kölner Haie eigentlich nach ihrer Karriere? Sie spielen weiter Eishockey! Und zwar in der „Haie-Traditionsmannschaft". Wir erklären Dir, was dieses Team eigentlich genau macht und welche bekannten ehemaligen Haie-Profis dort spielen.

Die Idee

Der Plan, eine Traditionsmannschaft zu gründen, wurde im Jahr 1979 geschmiedet. Detlef Langemann, der damalige Kapitän der Haie, und Jochen Blatzheim, Gönner und Unterstützer, haben ihn sich ausgedacht. Am Anfang bestand das Team aus Spielern, die nicht zur Profimannschaft gehörten. Bereits ein Jahr später schlossen sich jedoch auch ehemalige Profispieler der Mannschaft an – die Traditionsmannschaft war geboren. Seit 2003 ist sie sogar ein richtiger eigener Verein, der sich „KEC ‚Die Haie' Traditionsmannschaft e. V." nennt. Und: In diesen Verein kann jeder eintreten, der Eishockey liebt und über 18 Jahre alt ist.

ANDREAS LUPZIG

Training & Spiele

Die Traditionsmannschaft ist ein wichtiger Teil in der Welt der Kölner Haie. Immer noch sind viele ehemalige Profis dort vertreten, aber auch Spieler, die nicht zum Profikader gehörten. Sogar frühere Trainer und Betreuer sind dabei. Die Mannschaft trainiert jeden Montag in einer Eishalle in Troisdorf, einer Stadt zwischen Köln und Bonn. Regelmäßig stehen Freundschaftsspiele und Turniere auf dem Programm. Manchmal kannst Du die Mannschaft aber auch bei besonderen Anlässen in Aktion sehen – zum Beispiel bei Spielen für einen guten Zweck.

Stürmten früher im Profiteam, heute in der Traditionsmannschaft: Andreas Lupzig und Guido Lenzen.

Der Kader

Legendäre Spieler, Trainer und Mitarbeiter gehören zum Kader der Traditionsmannschaft oder sind Ehrenmitglieder des Teams. „Ehrenmitglieder" bedeutet, dass sie durch ganz besondere Leistungen den Haien sehr weitergeholfen haben. Dazu gehören zum Beispiel Uwe Krupp, der praktisch bei den Junghaien aufgewachsen ist und nach seiner Laufbahn als Spieler die Profimannschaft trainierte, oder **DETLEF LANGEMANN**, der als allererster Kapitän der Haie bis heute unvergessen ist. Ehrenmitglieder der Traditionsmannschaft sind aber auch Thomas Brandl, der Assistenztrainer des Profiteams, der als Spieler mit den Haien zweimal die deutsche Meisterschaft holte, und der legendäre Materialwart **LOTHAR „SCHNÄUZ" ZIMMER**, der über 2.200 Spiele, 20 Cheftrainer und rund 350 KEC-Spieler erlebte.

NAOKI TOMITA

DETLEF LANGEMANN

Detlef Langemann mit Naoki Tomita, der von 1979 bis 1990 in der Jugendabteilung der Kölner Haie spielte. Der Stürmer gehört zu den Gründungsmitgliedern der Traditionsmannschaft.

GUIDO LENZEN

LOTHAR „SCHNÄUZ" ZIMMER

Die Schiedsrichter

Eishockeyschiedsrichter haben keinen leichten Job. Abseits? Icing? Foul oder nicht? Tor oder kein Tor? Für all diese kniffligen Situationen ist auch bei den Schiedsrichtern Teamarbeit gefragt. Hinzu kommt, dass sie ständig den Spielern und dem umherfliegenden Puck ausweichen müssen.

Ihre Aufgaben

Bei Spielen der Deutschen Eishockey Liga gibt es vier Schiedsrichter, die sich die Arbeit teilen. Die beiden Hauptschiedsrichter – Du erkennst sie an den roten, acht Zentimeter breiten Bändern am oberen Teil der Ärmel – entscheiden über Fouls, das Strafmaß und über Tore. Sie können ihre beiden Linienrichter überstimmen. Die sind vor allem für Abseits und Icing zuständig. Außerdem werfen die Linienrichter den Puck beim Bully ein. In der Deutschen Eishockey Liga gibt es sowohl Profischiedsrichter als auch Schiedsrichter, die nebenbei noch einer anderen Arbeit nachgehen. Die Schiedsrichter sind dem Deutschen Eishockey-Bund angegliedert, um ihre Unabhängigkeit zu wahren.

Die Unparteiischen: Vier Schiedsrichter sind bei den Spielen der DEL in Einsatz. Die beiden Hauptschiedsrichter tragen ein Trikot mit roten Streifen am Ärmel.

„Als Spieler habe ich das Spiel gespielt, als Schiedsrichter habe ich das Spiel dann auch verstanden! Es ist eine sehr große Herausforderung, ein Spiel so zu gestalten, dass sich alle Beteiligten sicher und fair behandelt fühlen. Eine Herausforderung, die schwierig ist, aber auch unwahrscheinlich viel Spaß macht."

Lars Brüggemann, ehemaliger DEL-Schiedsrichter

Der Videobeweis

Im Gegensatz zu vielen anderen Sportarten gibt es im Eishockey den Videobeweis – allerdings nur, wenn strittig ist, ob ein gültiges Tor erzielt wurde. Der Puck muss für den Schiedsrichter sichtbar in vollem Umfang hinter der Torlinie sein und es darf kein Angreifer im Torraum gestanden und den Torwart behindert haben. War das Tor bereits verschoben, bevor der Schütze zum Schuss ausgeholt hat, zählt das Tor ebenfalls nicht. Ohne den Videobeweis hätte der Schiedsrichter oftmals keine Chance zu erkennen, ob tatsächlich ein reguläres Tor gefallen ist oder nicht.

Strafen

Für ein gewöhnliches Foul, zum Beispiel Stockschlag, Hacken oder Behinderung, muss ein Spieler zwei Minuten auf die Strafbank. Seine Mannschaft muss diese Zeit also mit einem Mann weniger auf dem Eis überbrücken. Eine sehr gefährliche Situation! Es wird also bei einem Foul nicht nur der Spieler selbst, sondern vor allem sein Team bestraft. Härtere Fouls, zum Beispiel Check von hinten gegen die Bande oder Check gegen den Kopf, haben auch härtere Strafen, etwa fünf Minuten, zur Folge, in denen die Mannschaft mit einem Spieler weniger auf dem Eis spielt. Der betroffene Spieler erhält außerdem eine Spieldauerstrafe. Mit welcher Strafe ein Foul geahndet wird, legt die Spielordnung genau fest. Bei größeren Strafen entscheidet die Liga nachträglich, ob der Spieler länger gesperrt wird. Die Entscheidung hängt von seinen Vorstrafen, der Schwere des Fouls und davon ab, ob ein anderer Spieler verletzt wurde.

Auch Haie sind keine Engel

Du wirst wahrscheinlich nur sehr selten ein Eishockeyspiel ganz ohne Fouls und Strafzeiten zu sehen bekommen. Auch einige Profis der Kölner Haie saßen schon das ein oder andere Mal auf der Strafbank. Den bisherigen KEC-Rekord an Strafzeiten hält übrigens mit insgesamt 852 Minuten der Kanadier Dave McLlwain, der von 2000 bis 2009 bei den Haien spielte. Den zweiten Platz belegt Moritz Müller, der seit 2003 insgesamt 816 Minuten auf der Strafbank saß. An dritter Stelle steht Andreas Lupzig, der von 1989 bis 2001 beim KEC 811 Strafminuten kassierte.

Die Play-offs

Natürlich willst Du am Ende der Saison wissen, welches Eishockeyteam das beste von allen war. Um das herauszufinden, gibt es die Play-offs, also die Endrunde der deutschen Meisterschaft, an der acht Mannschaften teilnehmen.

Hauptrunde

In der Deutschen Eishockey Liga gibt es 14 Teams. Sie treten zunächst ab September in einer Hauptrunde insgesamt viermal gegeneinander an. Jedes Team absolviert also in dieser Phase 52 Spiele. Danach gibt es Anfang März eine Abschlusstabelle.

Pre-Play-offs

Die Teams auf den Tabellenplätzen 11 bis 14 sind ausgeschieden und müssen die Saison beenden. Die Teams auf den Tabellenplätzen 1 bis 6 haben es auf jeden Fall in die nächste Runde geschafft. Die Mannschaften auf den Plätzen 7 bis 10 spielen untereinander in einer kleinen Serie, den sogenannten Pre-Play-offs, die letzten beiden Startplätze für die Play-offs aus.

Viertelfinale

Jetzt findet das Viertelfinale statt. Die vier Begegnungen sind:
Platz 1 gegen Platz 8,
Platz 2 gegen Platz 7,
Platz 3 gegen Platz 6,
Platz 4 gegen Platz 5.

In diesen vier Paarungen muss die Mannschaft, die schließlich ins Halbfinale einziehen kann, gegen den gleichen Gegner insgesamt viermal gewinnen. Es sind also maximal sieben Spiele möglich („Best-of-Seven"). Es wird alle zwei bis drei Tage gespielt und immer wieder abwechselnd zu Hause und auswärts gegen denselben Gegner.

„Meine Kindheit und Jugend sind eng mit den Kölner Haien verbunden. Mit meiner Zeit als Spieler in Köln verbinde ich gar nicht so sehr die Erfolge oder die deutschen Meisterschaften. Es waren vielmehr die besonderen Menschen, also die Trainer und Betreuer, die mich in diesen Jahren geprägt haben."

Uwe Krupp hat als erster deutscher Spieler den ✻ **Stanley Cup** gewonnen und ist der bislang erfolgreichste deutsche Eishockeyprofi. Von 1982 bis 1986 spielte der Verteidiger bei den Haien. Danach folgten Stationen als Spieler in der ✻ **NHL** und als Trainer der deutschen Nationalmannschaft, der Kölner Haie, der Eisbären Berlin und des HC Sparta Prag.

1. PLAY-OFF-RUNDE	VIERTELFINALE	HALBFINALE	FINALE

Deutscher Meister 2018:
EHC RED BULL MÜNCHEN

Halbfinale und Finale

Die vier Sieger aus den Viertelfinals bestreiten das Halbfinale wieder im „Best-of-Seven"-Modus. Die beiden Sieger aus den Halbfinals stehen im Finale, in dem erneut im „Best-of-Seven"-Modus gespielt wird. Wer das Finale gewinnt, ist deutscher Meister! Alleine in den Play-offs kann es also passieren, dass eine Mannschaft bis zur Meisterschaft 21 Spiele absolviert. Ein Mammutprogramm!

Große Erfolge

Seit der Gründung der Deutschen Eishockey Liga (DEL) im Jahr 1994 fanden die Play-offs nur zweimal ohne den KEC statt: In den Jahren 2009 und 2015 beendeten die Kölner die Saison jeweils auf dem elften Tabellenplatz und qualifizierten sich nicht für das Viertelfinale. Bis heute schafften es die Haie insgesamt 16 Mal bis ins Finale, wobei sie achtmal den deutschen Meistertitel nach Köln holten.

Deutscher Meister: 1977, 1979, 1984, 1986, 1987, 1988, 1995, 2002
Deutscher Vizemeister: 1991, 1993, 1996, 2000, 2003, 2008, 2013, 2014

Im Jahr 2002 feierte Mirko Lüdemann seine zweite Meisterschaft mit dem KEC.

ARENA & SPIELFLÄCHE

Warum heißt die
LANXESS arena auch
„Henkelmännchen"?

Wie viele Zuschauer
verfolgen die Spiele der Haie?

Wie kommt die **Eisfläche**
in die Arena?

Was macht der **Whiteman?**

In der Arena

Jede Profimannschaft braucht ihr Heimstadion, in dem sie Gäste empfängt, in dem ihr Maskottchen wohnt und in dem sich ihre Fans zu Hause fühlen. Bei den Kölner Haien ist das die LANXESS arena in Köln-Deutz, eine der größten Veranstaltungshallen in Europa.

Spiel- und Trainingsstätten

Seit der Saison 1998/1999 tragen die Kölner Haie ihre Heimspiele in der LANXESS arena, damals noch Kölnarena, in Köln-Deutz aus. Die Arena wurde nach gut zwei Jahren Bauzeit offiziell am 17. Oktober 1998 mit einem Konzert des italienischen Opernsängers Luciano Pavarotti eröffnet. Im Jahr 2000 entstand in der Nähe der LANXESS arena außerdem ein modernes Eishockey-Trainingszentrum, in dem die Profis der Haie trainieren. Für die Nachwuchsmannschaften ist es zugleich Spiel- und Trainingsstätte. Im Schnitt besuchen ungefähr 12.000 Zuschauer die Spiele der Kölner Haie. Ein absoluter Spitzenwert in Europa!

In Köln-Deutz, ganz in der Nähe der LANXESS arena, findest Du das Haie-Zentrum mit seiner Eishalle inklusive 504 Sitzplätzen. Außer den Profis trainieren und spielen hier die Nachwuchsmannschaften des KEC. Neben einem Fitness- und Wellnessbereich, Umkleide- und Aufenthaltsräumen für die Spieler gibt es hier auch den HAIEstore.

Spitzenplatz

Im Jahr 2017 haben 2.167.644 Besucher die 216 Großveranstaltungen der LANXESS arena besucht, seit 1998 insgesamt circa 31.755.167! Sie ist die größte Arena in Kontinentaleuropa. Europaweit ist nur die O2 Arena in London noch etwas größer. 2017 wurden fünf Tonnen Papier benötigt, um die Tickets für alle Besucher zu drucken. Über 1.000 Lkw machten halt vor der Arena, um die Ausstattung der verschiedenen Shows anzuliefern.

Volles Haus

Das erste Heimspiel des KEC in der heutigen LANXESS arena stellte einen europaweiten Rekord auf: Ganze 16.957 Fans kamen in die Arena, um ihre Mannschaft zu unterstützen. Keine andere europäische Eishockeymannschaft hatte bis dahin vor einem so großen Publikum gespielt. Bis zu 18.500 Fans können die Eishockeyspiele in der LANXESS arena verfolgen. Im alten Eisstadion an der Lentstraße gab es hingegen nur Platz für 7.200 Fans. Bis heute kamen insgesamt über sieben Millionen Fans zu den Heimspielen der Kölner Haie in die Arena. Das macht pro Saison im Schnitt 470.000 Zuschauer.

„Henkelmännchen"

Die LANXESS arena wird wegen ihres Aussehens mit dem überspannenden Bogen auch „Henkelmännchen" genannt. Der Bogen besteht aus insgesamt zehn Einzelteilen. Das größte davon hat ein Gewicht von circa 90 Tonnen. Um den Bogen einmal komplett zu streichen, sind 5,2 Tonnen Farbe notwendig. Eine ganze Schulklasse würde das in den Sommerferien kaum schaffen!

„Wir sind stolz, in der obersten Liga der Arenen mitzuspielen. Seit Jahren sind wir unter den Top Ten der bestbesuchten Arenen weltweit. Das schaffen wir unter anderem durch unsere Wandelbarkeit. Von der Motocross-Veranstaltung über Musicals und Konzerte bis hin zu den packenden Haie-Spielen und anderen Sport-Großveranstaltungen können wir den Gästen alles bieten."

Stefan Löcher, Geschäftsführer der LANXESS arena

Ein Erlebnis!

Spieler und Fans fiebern natürlich immer nur auf das eine hin: das nächste Spiel! Wenn es endlich so weit ist, arbeiten zahlreiche Helfer den ganzen Tag daran, dass in der Arena alles reibungslos klappt. Aber wie läuft so ein Spieltag eigentlich genau ab?

Exakte Planung

Während sich die Spieler am Vormittag des Spieltages beim

✳ **Pre-Game-Skating** in der Arena auf das Spiel vorbereiten, laufen in der Geschäftsstelle der Haie bereits die letzten Vorbereitungen für das Spiel. Die Mitarbeiter erstellen einen sekundengenauen Ablaufplan. Wann wird die Arena geöffnet und wann beginnt die Einlaufshow? Was geschieht in den Pausen? Der Plan muss exakt eingehalten werden, da die Spiele live übertragen werden. Vor Hallenöffnung testen Mitarbeiter noch einmal, ob die Technik funktioniert: Klappt die Beamershow? Sind die Anzeigen auf dem Würfel perfekt? Befinden sich die Kameras an der richtigen Position?

„Optimal ist es, wenn der Zuschauer glaubt, es wird nur ein Knopf gedrückt und dann läuft die Show automatisch. In Wahrheit arbeiten aber ungefähr 20 Leute im Hintergrund hoch konzentriert und auf die Sekunde genau, um ein tolles Erlebnis für die Zuschauer zu schaffen."

Florian Chroscz ist bei den Kölner Haien zuständig für den Spielbetrieb und die Events.

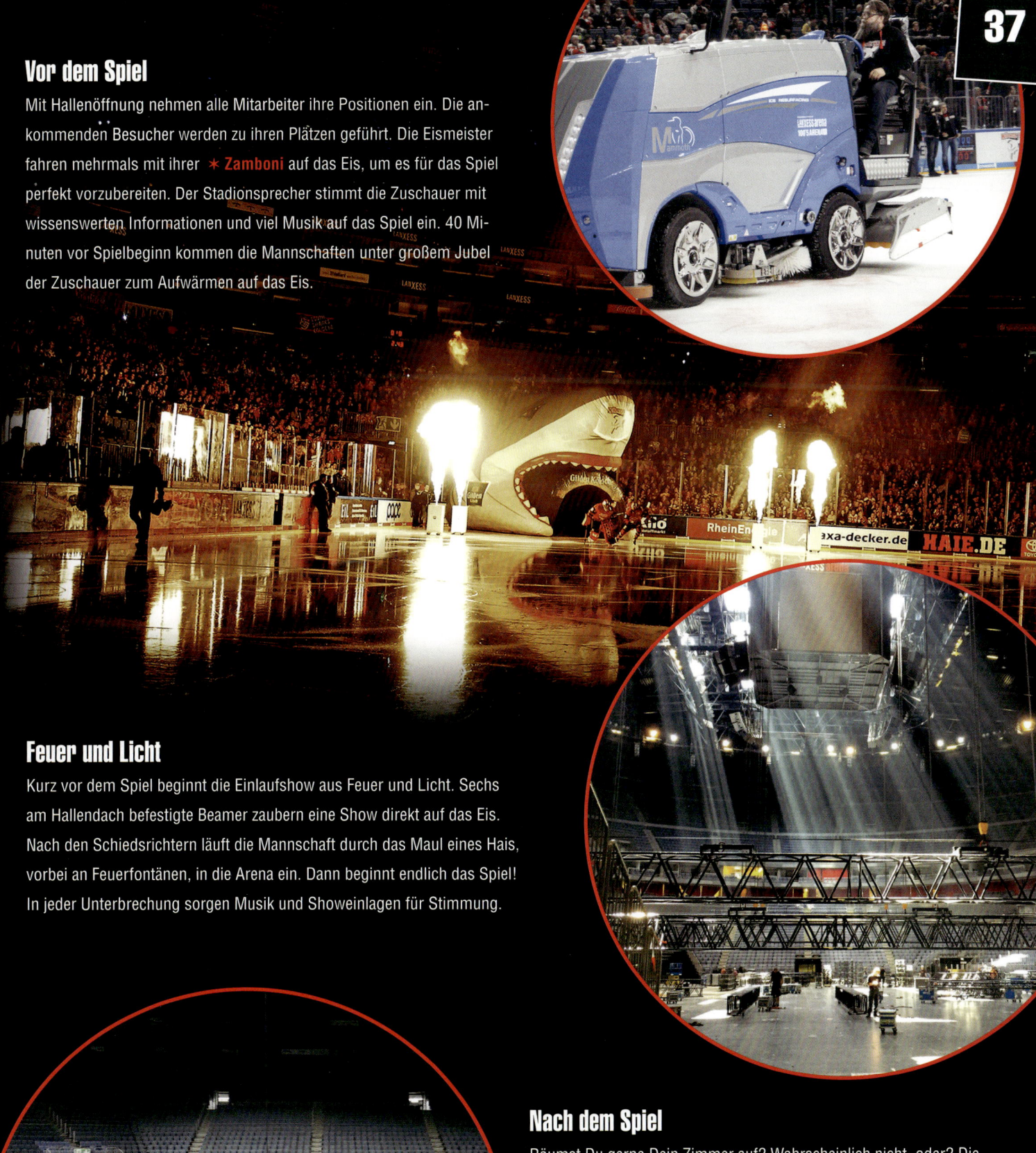

Vor dem Spiel

Mit Hallenöffnung nehmen alle Mitarbeiter ihre Positionen ein. Die ankommenden Besucher werden zu ihren Plätzen geführt. Die Eismeister fahren mehrmals mit ihrer ✶ **Zamboni** auf das Eis, um es für das Spiel perfekt vorzubereiten. Der Stadionsprecher stimmt die Zuschauer mit wissenswerten Informationen und viel Musik auf das Spiel ein. 40 Minuten vor Spielbeginn kommen die Mannschaften unter großem Jubel der Zuschauer zum Aufwärmen auf das Eis.

Feuer und Licht

Kurz vor dem Spiel beginnt die Einlaufshow aus Feuer und Licht. Sechs am Hallendach befestigte Beamer zaubern eine Show direkt auf das Eis. Nach den Schiedsrichtern läuft die Mannschaft durch das Maul eines Hais, vorbei an Feuerfontänen, in die Arena ein. Dann beginnt endlich das Spiel! In jeder Unterbrechung sorgen Musik und Showeinlagen für Stimmung.

Nach dem Spiel

Räumst Du gerne Dein Zimmer auf? Wahrscheinlich nicht, oder? Die Arena allerdings muss nach jedem Spiel schnell wieder in Ordnung gebracht und für die nächste Veranstaltung vorbereitet werden. Findet am nächsten Tag zum Beispiel ein Konzert in der Arena statt, wird das Eis zügig abgedeckt. Mitarbeiter führen über Nacht alle Reinigungs-, Aufräum- und Umbauarbeiten durch. Am nächsten Tag sieht in der Arena alles so perfekt aus, als hätte dort nie ein Eishockeyspiel stattgefunden.

Kunsteis

Während etwa in Kanada im Winter regelmäßig Seen zufrieren und die Menschen auf Natureis Schlittschuh laufen oder Eishockey spielen, sinken in Deutschland die Temperaturen nur noch selten so tief, dass natürliche Eisflächen entstehen. Mit ausgeklügelter Technik gelingt es aber, in der LANXESS arena eine künstliche Eisfläche herzustellen. Wie das geht, erklären wir Dir hier.

Zwei Schichten

Durch den Betonboden der 30 mal 60 Meter großen Eisfläche verlaufen rund 35 Kilometer stählerne Kühlrohre. Zunächst wird dieser Boden auf minus zehn Grad Celsius gekühlt und mit einer ersten Lage Wasser geflutet. Diese Lage ist etwa vier Millimeter dick. Wenn sie durchgefroren ist, folgt die zweite Schicht.

Das Kühlsystem für die Eisfläche befindet sich in den Kellerräumen der LANXESS arena: Zwei jeweils fünf Meter lange, drei Meter hohe und 1,5 Meter breite „Kühlschränke" sorgen für eine konstante Temperatur.

Whiteman

Sobald sich die zweite Schicht Wasser in Eis verwandelt hat, wird mit 300 Kilogramm weißem Kalk die charakteristische weiße Farbe in das Eis eingearbeitet. Ein Mitarbeiter zieht dazu per Hand eine Maschine mit dem Namen „**WHITEMAN**" über das Eis. Über feine Düsen sprüht der Whiteman den angemischten Kalk auf das Eis. Diese Fläche wird dann mit einer zwei Millimeter dicken weiteren Eisschicht versiegelt.

WHITEMAN

Er sorgt für die typische weiße Farbe auf dem Eis: Der Whiteman sprüht Kalk auf die Spielfläche.

Linien und Werbung

Nun werden die Linien auf das Eis aufgebracht und die zuvor genau abgemessenen Werbefolien auf das Eis gelegt. Die Eismeister gießen mit einfachen Kannen Wasser auf die Folien, damit diese auf dem Eis anfrieren. Um den Regeln der Deutschen Eishockey Liga zu entsprechen, müssen alle Maße exakt stimmen. Auf die Folien werden dann noch einmal mehrere Schichten Eis aufgebracht.

LINIEN

TORRAUM

WERBUNG

Beim Aufbringen der Linien müssen die Mitarbeiter ganz exakt arbeiten. Denn in den Regeln der Deutschen Eishockey Liga ist genau festgelegt, welche Maße die Spielfläche und ihre Elemente – also z. B. Linien, Torraum, Anspielpunkte – haben müssen.

Über dem Eis

Eine Eisfläche komplett zu erstellen, dauert etwa zehn bis 14 Tage. Dabei werden circa 80.000 Liter Wasser verbraucht. Vor allem deshalb bleibt die Eisfläche der LANXESS arena während der gesamten Eishockeysaison in der Arena. Für alle anderen Veranstaltungen wird sie mit einer Dämmschicht und entsprechenden Zusatzböden abgedeckt.

WELTMEISTERWISSEN

In der Fachsprache unterscheidet man zwischen Grundeis und Nutzeis. Das Grundeis, das die Basis des Kunsteises darstellt und nicht mit der Eisaufbereitungsmaschine (Zamboni) behandelt wird, ist circa 3,5 Zentimeter dick. Das Nutzeis hingegen wird von der Eismaschine regelmäßig behandelt und ist circa einen Zentimeter dick. An der „Sohle", also der untersten Schicht, ist das Eis minus 14 Grad Celsius kalt, an der Oberfläche hat es minus sechs Grad Celsius.

Meisterleistung!

Die Profis spielen am liebsten auf hartem Eis. Um die perfekte Spielfläche kümmern sich die Eismeister und die Zamboni – so nennen die Profis die Eisaufbereitungsmaschine, die der US-Amerikaner Frank J. Zamboni 1949 erfunden hat. Hier erfährst Du, wie sie funktioniert.

Für Eishockeyspiele ist sehr hartes Eis besser. Denn auf diesem Eis zu fahren ist kräfteschonender und es bildet sich weniger Schnee, der die Gleitfähigkeit des Pucks beeinträchtigt.

Messer fürs Grobe

Vor dem Spiel und in den Drittelpausen gehört die Spielfläche dem Eismeister und der Zamboni. In dieses wendige Fahrzeug sind jede Menge Geräte eingebaut, die das Eis immer wieder in eine einwandfreie, glänzende, spiegelglatte Fläche verwandeln. Am Heck der Maschine befindet sich der Schlitten, in dem über die ganze Breite ein Messer befestigt ist. Dieses Messer kann während der Fahrt die oberste Schicht des Eises abhobeln, um grobe Unebenheiten zu beseitigen. Durch das Abhobeln entsteht natürlich Schnee, den sammelt die Maschine in ihrem Bauch, dem sogenannten Schneetank, und kippt ihn schließlich in eine Art **GRUBE**.

SCHNEEGRUBE

WISCHTUCH

Warm trifft Kalt

Hättest Du gedacht, dass die Zamboni mit warmem Wasser arbeitet? Zuerst verteilt sie allerdings kaltes Waschwasser auf dem Eis, um den Pulverschnee aufzulösen und tiefe Furchen auszuwaschen. Eine Gummilippe saugt das restliche Waschwasser auf, das in der Maschine gefiltert wird, damit es beim nächsten Einsatz wiederverwendet werden kann. Dann kommt 30 bis 60 Grad Celsius warmes Wasser zum Einsatz. Es gelangt aus dem Warmwassertank der Maschine auf das Eis und wird mit einem **WISCHTUCH** gleichmäßig verteilt. Durch die Wärme taut das darunterliegende Eis etwas an, sodass die neue Eisschicht fest mit dem alten Eis zusammenfriert.

Schneefeger

Seitlich an der Maschine ist der ausklappbare und rotierende **BESEN** befestigt. Er befreit die Eisfläche an den Banden von losem Schnee und von Eis. Trotzdem wird das Eis an diesen Stellen im Laufe der Zeit dicker, weil die Maschine nur mit Mühe an die Ränder kommt. Deshalb werden sie regelmäßig mit einem schwenkbaren Zusatzmesser oder einer Eisfräse, die Du Dir so ähnlich wie einen Rasenmäher vorstellen kannst, geglättet.

BESEN

FANS & MITARBEITER

Wie unterstützen die Fans ihre Mannschaft?

Wer ist der absolute Star der Kölner Haie?

Was macht ein Athletiktrainer?

Wer überlegt sich, wie Trikots, Fanschals und -caps aussehen sollen?

Haiße Liebe!

Wenn Du Fan bist, dann darfst und sollst Du während des Spiels so laut brüllen, wie es nur geht. Echte Anhänger unterstützen ihre Mannschaft lautstark bei Heim- und oftmals auch bei Auswärtsspielen. Ohne sie wäre es ziemlich ruhig in der Arena. Jeder Spieler wird durch die eigenen Fans noch ein Stück besser. Und: Eishockeyfans sind absolut friedlich!

Fanclubs

Als Fan bist Du niemals allein. Die Kölner Haie haben über 40 aktive Fanclubs, die meisten in Köln und dem Rhein-Sieg-Kreis, aber auch in Belgien, den Niederlanden, in Rheinland-Pfalz und in Bayern. Die Clubmitglieder treffen sich, um die Spiele zu verfolgen, und unternehmen vieles gemeinsam. Doch es geht nicht nur um reines Vergnügen. Das Geld, das die Fanclubs und das Fanprojekt durch ihre Aktivitäten einnehmen, geht zum großen Teil an die Jugend der Kölner Haie, um den Kindern beste Bedingungen für deren Profikarriere zu bieten.

Eine Gemeinschaft – viele Aktivitäten

Was machen die Fans noch, außer ihre Mannschaft im eigenen Stadion anzufeuern? Sie organisieren sich, um zum Beispiel gemeinsam zu Auswärtsspielen zu fahren. Da kommt schon einmal ein ganzer Sonderzug zusammen oder es geht mit dem Schiff nach Düsseldorf. Auf regelmäßigen Fanstammtischen ist der Kontakt zwischen den Fans und dem Verein besonders eng. Dort stehen Spieler, Management oder auch mal die Schiedsrichter den Fans Rede und Antwort.

Fanprojekt

Die Kölner Haie stimmen viele Themen wie etwa Fan-Stammtische oder ★ **Choreografien** mit den Fans ab. Damit sie nicht mit jedem Fanclub einzeln sprechen müssen, wurde 2010 der Verein Haie-Fanprojekt e. V. gegründet. Er stellt eine Verbindung her zwischen allen Fans der Kölner Haie und den Haien selbst. Der Haie-Fanprojekt e. V. hält auch Kontakt zu allen weiteren Fanstrukturen in Deutschland, zur Deutschen Eishockey Liga und zum Deutschen Eishockey-Bund.

WELTMEISTERWISSEN

Allein in der Saison 2016/2017 konnten die Haie-Fans zwischen sieben Trikots wählen. Nahezu jedes gibt es in drei Ausführungen: als Fantrikots, auf denen alle Sponsoren und Marken aufgedruckt sind, als Authentic-Trikots – hier sind Sponsoren und Marken aufgenäht – und als Game-Worn-Variante. In Game-Worn-Trikots wurde tatsächlich gespielt. Deshalb sind sie besonders teuer und werden für bis zu 2.500 Euro versteigert.

Der Star der Haie: Sharky

Der eigentliche Star des Vereins ist sein Maskottchen: Sharky. Er hat sogar einen eigenen Facebook-Account und mehr als 22.000 Follower!

Cooles Zuhause

Sharky ist inzwischen 20 Jahre alt und der Liebling aller Fans, vor allem der Kinder. Aber wo wohnt Sharky eigentlich? Das ist eine gute Frage. Niemand weiß das so genau, denn am Abend ist er plötzlich weg. Wahrscheinlich sucht er sich ein gemütliches Plätzchen in der Trainingshalle, denn dort ist es immer kühl und das mag er besonders.

Echte Liebe

Sharky gibt es nicht zu, aber wir wissen, dass er seit zwei Jahren tatsächlich eine Freundin hat. Die beiden werden öfter mal Hand in Hand zusammen gesehen und haben sogar schon gemeinsam auf dem Eis getanzt. Sharkys Freundin heißt Sharkeline.

Ohne Worte

Sharky spricht nicht! Oder hast Du schon einmal mit einem Hai geredet? Sharky macht sich mit Zeichensprache verständlich und alle, die ihn länger kennen, wissen schon, was Sharky so meint. Er ist ein sehr freundliches Tier, das Kinder liebt und immer zu einem Spaß aufgelegt ist.

Breakdance on Ice

Weltweit berühmt wurde das Maskottchen durch seinen Sharky Dance im ✶ **Power Break** des dritten Drittels eines jeden Heimspiels. Sobald die Uhr angehalten wird und die Spieler kurz das Eis verlassen, ist Showtime. Sharky stürmt auf das Eis und begeistert nicht nur die Kölner Fans, sondern die ganze Welt mit seinem unvergleichlichen Tanzstil. Sharky ist nämlich nebenbei Breakdancer. Hast Du schon einmal einen Breakdance auf einer Eisfläche abgeliefert? Mach es lieber nicht nach, denn dabei sind blaue Flecken garantiert.

Das Team hinter dem Team

Ein Eishockeyteam besteht aus circa 30 Spielern. Das ist die eigentliche Mannschaft. Daneben gibt es jedoch eine Menge weiterer Personen, die die Spieler unterstützen.

CO-TRAINER

Für die richtige Taktik

Jedes Team hat einen Cheftrainer, den **HEADCOACH**, und einen oder zwei **CO-TRAINER**. Sie sind für die Aufstellung der Mannschaft, die Spieltaktik und das Training zuständig. Während eines Spiels teilen sie sich die Aufgaben meistens auf. Ein Trainer betreut die Stürmer und der andere die Verteidiger. Sie entscheiden dabei, welche Reihen auf das Eis geschickt werden, und ändern auch während des Spiels die Strategie, wenn es notwendig ist. Oftmals werden sie durch einen **TORWART-TRAINER** und einen Trainer für allgemeine Technikübungen, die sogenannten ✶ **Skillscoaches**, unterstützt.

TORWARTTRAINER

HEADCOACH

Für das perfekte Team

Der Chef der Trainer und des gesamten sportlichen Bereichs ist der **SPORTDIREKTOR**. Er kümmert sich um die Verträge der Spieler und ist häufig auf Reisen, um neue interessante Spieler zu ✶ **scouten**.

SPORTDIREKTOR

Für Fitness und starke Muskeln

Der **ATHLETIKTRAINER** sorgt dafür, dass die Spieler sich in einer optimalen körperlichen Verfassung befinden. Er leitet das Training außerhalb des Eises, kümmert sich darum, dass die Spieler auch während der Sommerpause fit bleiben, und betreut sie vor und nach dem Spiel.

ATHLETIKTRAINER

Für das Drumherum

Die **BETREUER** kümmern sich um die Ausrüstung der Spieler. Sie reparieren und schleifen die Schlittschuhe, waschen die Trikots, sorgen dafür, dass auch bei Auswärtsspielen die gesamte Ausrüstung vor Ort ist, und organisieren die Verpflegung der Spieler.

BETREUER

Für Beweglichkeit

Verletzt sich ein Spieler, wird er sofort vom Ärzteteam betreut. Während des Spiels näht der Mannschaftsarzt schon mal eine Wunde im Gesicht, was den Spieler jedoch nicht davon abhält weiterzuspielen. Ein unverzichtbarer Experte für die Spieler ist der **PHYSIOTHERAPEUT**. Mit Massagen und Bewegungstherapie hilft er ihnen nach Verletzungen oder anstrengenden Partien schnell wieder auf die Beine.

PHYSIOTHERAPEUT

WELTMEISTERWISSEN

In der Deutschen Eishockey Liga gilt wie in den meisten Ligen die sogenannte Ausländerregelung. Das bedeutet, jeder Verein darf insgesamt nur elf Spieler unter Vertrag nehmen, die keinen deutschen Pass haben. Von diesen dürfen wiederum nur neun Profis pro Spiel eingesetzt werden.

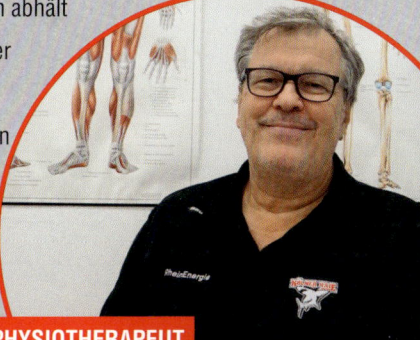

„Wer Eishockey verstehen möchte, muss mit dem Herzen dabei sein. Wie viele andere Sportarten auch hat sich Eishockey immer weiterentwickelt, ist schneller und athletischer geworden. Eishockeyspieler sind Artisten, die den Puck aus allen Lagen annehmen und weiterverarbeiten können."

Lothar „Schnäuz" Zimmer hat 32 Jahre als Materialwart und Betreuer für die Haie gearbeitet und in dieser Zeit kein einziges der insgesamt über 2.218 Spiele verpasst.

Verwaltung

Arbeiten in der Geschäftsstelle

Die Spieler trainieren und spielen, aber was machen die Mitarbeiter der Geschäftsstelle? Ohne die fleißigen Hände rund um die Mannschaft geht gar nichts. Wir zeigen Dir warum.

Geschäftsführung

Die Berufsbezeichnung verrät es Dir schon: Der **GESCHÄFTSFÜHRER** ist eine wichtige Person – er ist sozusagen der Kapitän in der Geschäftsstelle. Als Chef der Mitarbeiter dort ist er dafür verantwortlich, dass alle ihren Job gerne und gut machen. Er entwickelt aber auch Ideen, damit der gesamte Verein erfolgreich arbeitet. Und natürliche gehören auch regelmäßige Treffen mit Fans und Sponsoren der Haie zu seinen Aufgaben, um deren Interessen nicht aus den Augen zu verlieren. Kurzum der Chef der Geschäftsstelle sorgt dafür, dass die Mitarbeiter in der Geschäftsstelle, die Profis auf dem Eis, die Fans und Sponsoren ein perfektes Team bilden.

Haie-Rekordspieler Mirko Lüdemann wechselte 2016 vom Eis in das Team der Geschäftsstelle.

GESCHÄFTSFÜHRER

Tierischer Mitarbeiter: Dackel Lupo sorgt für gute Laune.

Partner

Die Kölner Haie haben viele Partner, die den Verein unterstützen. Sie geben dem Verein Geld und bekommen dafür Werbung für ihre Firma auf den Banden, dem Videowürfel in der Arena und den Trikots. Manchmal bezahlen die Unternehmen auch für Autogrammstunden der Spieler oder andere Aktionen. Je mehr Partner ein Verein hat, desto mehr Geld bekommt er und kann es für die Mannschaft ausgeben. Partner sind also sehr wichtig für den Erfolg eines Vereins.

Marketing und Kommunikation

Für den Verein ist auch die Darstellung in den Medien wichtig, also in der Zeitung, im Internet und im Fernsehen. Deshalb geben Mitarbeiter der Haie Informationen zu den Spielen heraus oder veranstalten Pressekonferenzen, auf denen die Journalisten Fragen stellen können. Für die Fans gibt es Stadionhefte und das jährliche Haie-Magazin mit den neuesten Infos über die Mannschaft und den Verein.

Jeder Besucher der Geschäftsstelle wird von der Mitarbeiterin am Empfang freundlich begrüßt.

Die Trikots für die Saison 2018/2019: Zu Hause tritt der KEC in Dunkelgrau, auswärts in Weiß an. Das Alternativtrikot ist rot.

Finanzen und Verwaltung

Wie in jedem Unternehmen müssen auch bei den Haien Rechnungen bezahlt und gestellt werden. Die Mitarbeiter kontrollieren die Finanzen und organisieren den Bürobetrieb. Hinzu kommt die intensive Betreuung und Unterstützung der Spieler, zum Beispiel bei der Suche nach einer Wohnung oder einem Kindergartenplatz für den Nachwuchs. Auch die Autos der Spieler werden in der Geschäftsstelle verwaltet.

Ticketing

Von den rund 12.000 Zuschauern pro Spiel benötigt jeder ein Ticket, sofern er keine Dauerkarte hat. Diese Eintrittskarten müssen im Ticketsystem angelegt und verwaltet werden. Alle Dauerkarten werden zu Saisonbeginn ausgedruckt und verteilt. Außerdem gilt es, die Eintrittsgelder zu verwalten und Zuschaueranfragen zu beantworten.

Merchandising

Was wäre ein Verein ohne Fanartikel? Der meistverkaufte Fanartikel ist natürlich das Trikot, das jede Saison ein neues Design hat. Die Mitarbeiter vom Merchandising stecken viel Fantasie und Zeit in die Kreation der Trikots, denn sie sollen den Fans schließlich gefallen. Außerdem gibt es eine Fülle anderer Fanartikel wie Schals, Caps, Schlüsselanhänger oder kleine Sharkys.

VOM JUNGHAI ZUM PROFI

Welche **Nachwuchsmann-schaften** gibt es bei den Haien?

Was ist ein **Sichtungscamp**?

Warum gehört Eishockey zu den **schwersten Sportarten** der Welt?

Was macht ein **Eishockeyspieler im Sommer**?

Übung macht den Meister

**Wer Eishockeyprofi werden möchte, für den heißt
es vor allem: trainieren, trainieren, trainieren!
Denn auf dem Eis sind Kraft, Geschwindigkeit und
Furchtlosigkeit gefragt.**

Jahrelanges Training

Eishockey gilt als eine der schwersten Sportarten der Welt. Der Spieler muss
zunächst so gut Schlittschuhlaufen lernen, dass er nicht mehr über das Laufen
nachdenken muss. Da geht es natürlich nicht nur um das Vorwärtslaufen, sondern auch darum, jederzeit rückwärtslaufen zu können und perfekt zu bremsen.
Erst dann kann der Spieler sich auf die Arbeit mit dem Stock konzentrieren. Alle
Bewegungen müssen dabei bestens koordiniert sein. Um dies zu erreichen, ist
jahrelanges Training notwendig und zwar mehrmals pro Woche. Aber: Wer das
alles beherrscht, sieht einfach richtig cool auf dem Eis aus!

Faire Zweikämpfe

Wenn Du schon einmal ein Eishockeyspiel verfolgt hast, hast
Du vielleicht einen Faustkampf zwischen zwei Spielern gesehen.
Im Eishockey wird eine Prügelei zwar bestraft, aber sie ist
trotzdem nicht unüblich. Spätestens wenn der Gegner am
Boden liegt, wird das Handgemenge sofort beendet.

Keine Angst vor Körperkontakt

Eishockeyspielen ist nicht gefährlicher als andere Sportarten wie Fußball oder Handball. Es sieht manchmal sehr spektakulär aus, wenn Spieler gegen die Bande prallen, aber sie sind gut geschützt. Ein Spieler muss sich auf dem Eis durchsetzen, deshalb darf er keine Angst vor Geschwindigkeit und Körperkontakt mit dem Gegner haben.

WELTMEISTERWISSEN

Wie ein 200-Meter-Lauf

Eishockeyspielen ist sehr anstrengend. Das fängt schon beim Anziehen an. Während Ungeübte 30 bis 45 Minuten brauchen, um die komplette Ausrüstung anzulegen, schafft das ein Profi in zehn bis zwölf Minuten. Während eines Spiels verlieren Eishockeyspieler mehrere Liter Flüssigkeit durch Schwitzen. Eishockey ist kein Ausdauer-, sondern eher ein Kraftsport. Ein Wechsel auf dem Eis, der circa 40 Spielsekunden dauert, ist in etwa mit einem 200-Meter-Lauf vergleichbar. Dann kurz pausieren, den Puls runterfahren und wieder Gas geben!

Prügeleien auf dem Eis ahndet der Schiedsrichter in der Regel mit einer Zwei-Minuten-Strafe wegen übertriebener Härte und zehn Minuten ✳ **persönlicher Strafe**. Wer bei der Prügelei die Handschuhe auszieht, was eigentlich immer geschieht, bekommt nochmals eine Zwei-Minuten-Strafe.

Die Goalies sind in der Regel die Einzigen, die die komplette Spielzeit auf dem Eis stehen, nicht wechseln und manchmal im Alleingang über Sieg oder Niederlage entscheiden.

„Ich habe in Köln Eishockeyspielen gelernt und später den Sprung in den Profikader geschafft. Wer Eishockeyprofi werden möchte, muss ehrgeizig sein, darf nie resignieren und sollte sein Ziel immer konsequent verfolgen. Das habe ich gemacht, auch wenn es mir manchmal schwergefallen ist. Innerlich habe ich manchmal mit mir gekämpft: Gehe ich am Samstag zum Training oder doch lieber mit meinen Freunden feiern?"

Werner Kühn absolvierte von 1979 bis 1993 insgesamt 524 Bundesligaspiele im KEC-Trikot. Der Verteidiger gewann mit den Haien viermal die deutsche Meisterschaft.

Die Junghaie

Bei den Nachwuchsmannschaften der Kölner Haie arbeiten junge Talente intensiv an ihrer Technik, Athletik und Fitness. Manchem gelingt schließlich sogar der Sprung in den Profikader.

Organisation und Erfolge

Die Kölner Haie arbeiten wie jeder Proficlub der Deutschen Eishockey Liga mit einem Stammverein zusammen, der sich auf die Jugendarbeit konzentriert. Dieser Verein heißt KEC „Die Haie" e. V. und wird auch „Junghaie" genannt. Hier engagieren sich viele Menschen, z. B. Präsident Rainer Maedge oder Cheftrainer Rodion Pauels, für den Haie-Nachwuchs. Aktuell fördern die Haie 260 Kinder und Jugendliche im Alter von fünf bis 20 Jahren. Je nach Altersklasse gibt es folgende Mannschaften bei den Haien: Bambini, Kleinschüler, Knaben, Schüler, Deutsche Nachwuchsliga (DNL). Alle Nachwuchsmannschaften spielen in der höchsten DEB-Nachwuchsliga und sind sehr erfolgreich. Das zeigen die Siege in den deutschen Meisterschaften: Die Schüler (13-14 Jahre) gewannen 2006 und 2015, die DNL (15-17 Jahre) 2007.

Sichtungscamp

Zweimal im Jahr veranstalten die Kölner Haie ein sogenanntes Sichtungscamp für Jungen und Mädchen im Alter von fünf bis acht Jahren. Maximal 50 Kinder werden von 16 Trainern und Eishockeyprofis betreut. Die Talente schlüpfen in die Rolle eines Spielers und testen, ob ihnen dieser Sport Spaß macht. Dabei gibt es einige recht anspruchsvolle Übungen auf dem Eis und es ist von Vorteil, schon ein wenig Schlittschuh laufen zu können.

Leben als Junghai

Wer seinen Weg – zum Beispiel über das Sichtungs-camp – zu den Junghaien gefunden hat, der fängt in der Bambini- oder Kleinschüler-Mannschaft mit dem Training und dem Spielen an. Es wird mehrmals pro Woche trainiert und in der Saison am Wochenende gespielt. Anspruch und Tempo steigern sich natürlich mit dem Alter. Sobald ein Spieler Mitglied der Schülermannschaft oder der Mannschaft der DNL ist, rückt er bei entsprechender Leistung in den Fokus des Sportdirektors der Profis, des DEB mit seinen Nationalmannschaften und mancher ✶ **Spieleragenten**. Das große Ziel „Eishockeyprofi" rückt näher – und mit sehr viel Arbeit, Talent und etwas Glück bekommt der Junghai dann seinen ersten Profivertrag.

„Ich spiele seit fast neun Jahren Eishockey. Das Beste an diesem Sport sind die Schnelligkeit und die Härte. Als Verteidiger muss ich gut rückwärtslaufen können, eine gute Sicht auf das Spiel und einen guten Schuss haben. Klar möchte ich später einmal Profispieler werden, weil ich diesen Sport einfach liebe!"

John Lipchander, 14 Jahre, Verteidiger in der U15-Mannschaft der Kölner Haie

Im Sportinternat

Vom Junghai zum Eishockeyprofi ist es ein sehr langer Weg. Deshalb steht in jedem Fall die Ausbildung im Vordergrund: Schule geht vor! Für Spieler, die nicht in Köln zu Hause sind, gibt es die Möglichkeit, im Sportinternat Köln zu wohnen. Dort können sie zusammen mit Talenten aus anderen Disziplinen ihren Sport mit einer optimalen Ausbildung verbinden.

Nicht nur für Jungs

Eishockey ist natürlich auch Mädchensache. Mit rund 80 Spielerinnen zwischen sechs und 45 Jahren sind die Kölner Haie der größte deutsche Damenverein. Drei Damen- bzw. Mädchenmannschaften gibt es hier – die erste Mannschaft spielt in der 2. Bundesliga. Speziell für interessierte Mädchen zwischen fünf und zehn Jahren bieten die Kölner Haie einmal im Jahr einen Girls Day an. Bei dieser Veranstaltung können sie testen, ob ihnen das Eishockeyspielen Spaß macht.

„Beruf" Eishockeyspieler

Er verdient mit seinem Sport Geld, steht regelmäßig auf dem Eis, wird von seinen Fans bejubelt, schreibt Autogramme … Klingt gut! Aber von Eishockeyprofis wird noch viel mehr verlangt.

Mobilität

Spieler verbringen sehr selten ihr ganzes Profileben bei nur einem Verein. Normalerweise wechseln sie alle zwei bis vier Jahre den Wohnort – der neue Verein kann überall in Europa oder sogar in Nordamerika sein. Hat der Spieler eine Familie, ist das gerade für die Kinder gar nicht so einfach. Sie lernen dafür aber viele Menschen und Kulturen kennen.

Mentale Stärke

Bis zu 70 Spiele absolviert ein Team im Zeitraum von September bis April. Die Profis legen mit dem Mannschaftsbus circa 18.000 Kilometer zurück. Sie sollen jedes Spiel hoch konzentriert angehen und möglichst keinen schlechten Tag haben. Das geht nur, wenn sie mental stark sind und immer das Ziel haben, ihr Bestes zu geben. Niederlagen dürfen sie nicht abschrecken, ansonsten nützt ihnen ihr ganzes technisches Können wenig.

Fitness

Körperfett sucht man bei den Profis vergeblich. Um ein guter Spieler zu sein und um verletzungsfrei durch die Saison zu kommen, ist hartes Training auf dem Eis („On Ice") und neben dem Eis („Off Ice") notwendig. Die eigentliche Saison geht zwar nur von September bis April, aber auch im Sommer müssen sich die Profis fit halten. Wenn sie im August wieder zurück zur Mannschaft kommen, wird zuerst der Fitnesszustand getestet.

Ausbildung

Eine Eishockeykarriere endet im Alter von 35 bis 40 Jahren. Danach müssen die Spieler sich meistens einen anderen Beruf suchen, um weiterhin Geld zu verdienen. Eine gute Ausbildung abseits des Eishockeys ist deshalb für die Spieler sehr wichtig.

Teamgeist

Eishockey ist ein Mannschaftssport. Egoisten haben hier schlechte Karten. Ein Profi muss sich im Team wohlfühlen und es jederzeit unterstützen. In einer Mannschaft sind bis zu sechs Nationen vertreten. Deshalb ist es auch wichtig, dass die Spieler gut mit anderen Kulturen umgehen können.

WELTMEISTERWISSEN

Internationales Eis

Viele KEC-Profis haben mit der Eishockeynationalmannschaft bei Weltmeisterschaften oder Olympischen Spielen gekämpft. Sogar der deutsche Rekordnationalspieler ist ein ehemaliger Hai: Udo Kießling absolvierte 320 Spiele im Trikot der Nationalmannschaft. Bei den Olympischen Winterspielen 2018 in Südkorea feierte das deutsche Team mit der Silbermedaille seinen bislang größten Erfolg. Mit dabei: die Kölner Haie Moritz Müller, Felix Schütz und der damalige Haie-Kapitän Christian Ehrhoff.

„Profi-Eishockeyspieler ist der schönste und gleichzeitig schwierigste Beruf, den man sich wünschen kann. Er ist gespickt mit Tränen, Schmerzen und Entbehrungen. Aber das Gefühl, am Ende einer Saison den Pokal in die Höhe zu strecken, ist einmalig."

Mirko Lüdemann spielte als Verteidiger von der Saison 1994/1995 bis 2016 für die Kölner Haie und brachte es während dieser Zeit auf unglaubliche 1.197 Pflichtspiele. Heute arbeitet Mirko Lüdemann in der Geschäftsstelle der Haie und kümmert sich um das Marketing.

Für Haie-Profis! QUIZ

Wie gut kennst Du Dich mit Eishockey aus?

1 Wie viele Teams kommen in die DEL-Play-offs?

A	6
S	8
Q	10

2 Wie nennt man die Maschine, mit der das Eis gebleicht wird?

H	Whiteman
W	Bleicher Hans
Z	Weißer Hai

3 Wie viele Unentschieden gab es in der DEL in der Spielzeit 2016/2017?

A	0
U	17
L	41

4 Was tun die Spieler beider Mannschaften unmittelbar nach dem Spiel auf dem Eis?

K	Sie prügeln sich.
R	Sie geben sich die Hand.
Z	Sie singen ein Lied.

5 Was bedeutet die blaue Linie auf dem Eis?

O	Der Puck darf diese Linie nicht berühren.
K	Es ist die Abseitslinie.
P	Es ist Werbung für ein Unternehmen.

6 Wie heißt die Eisaufbereitungsmaschine?

W	Langnese
L	Eisprinzessin
Y	Zamboni

7 **Wie nennt man es, wenn eine Mannschaft in der Verlängerung ein Tor schießt und damit das Spiel beendet?**

D   Sudden Death
J   Ende, aus, Mickymaus
L   End of Game

8 **Wie nennt man die Biegsamkeit des Eishockeyschlägers?**

K   Krümmung
L   Biegung
A   Flex

9 **Wie viele Spieler pro Team sind ohne Strafzeiten während des Spiels auf dem Eis?**

N   6
U   5
K   7

10 **Was macht Sharky bei Heimspielen im Powerbreak des letzten Drittels?**

O   Er holt sich schnell noch ein Eis.
C   Er tanzt Breakdance auf der Eisfläche.
G   Nichts Besonderes, er verschläft jedes Mal das letzte Drittel.

11 **Wie nennt man die LANXESS arena noch?**

H   Kaffeetasse
E   Henkelmännchen
V   Ufo

Lösungswort:

_ _ _ _ _ _   _ _ _ _ _
1   2   3   4   5   6   7   8   9   10   11

Das Kölner Haie

1x1

Choreografie

Das Erfinden und Einstudieren von Bewegungen, meist in Zusammenhang mit Tanz. Im Sportbereich nutzen Fangruppen Choreografien mit Fanbannern und sonstigen Bildelementen, um ein einheitliches großes Gesamtbild im Stadion herzustellen.

Face-Off

Bezeichnung für das Bully, also den Einwurf des Pucks. Die Gesichter der Spieler zeigen dabei nach unten zum Eis.

Goalie

Englisches Wort für Torhüter. Es leitet sich von dem Wort „Goal" (bedeutet „Tor") ab.

Handshake

Das „Händeschütteln" zwischen den Spielern nach dem Abpfiff. In den Play-offs gibt es den Handshake nur nach der Play-off-Serie.

Hurling

Ein über 3.000 Jahre alter irischer Volkssport. Das Ziel ist es, den Ball mit einem Schläger entweder in das Tor oder zwischen die verlängerten Pfosten über das Tor zu schlagen. Hurling gilt als schnellster Rasensport der Welt.

NHL

Abkürzung für National Hockey League, die Nordamerikanische Eishockey-Liga.

Penalty

Der Angreifer läuft alleine mit dem Puck auf den gegnerischen Torwart zu, um ein Tor zu erzielen.

Persönliche Strafe

Diese Strafe richtet sich im Gegensatz zu der Zwei-Minuten-Strafe an einen einzelnen Spieler. Er darf dann zehn Minuten lang nicht am Spiel teilnehmen, ohne dass sein Team dezimiert ist.

Power Break

In jedem Drittel wird das Spiel für 60 Sekunden unterbrochen, um im Fernsehen und im Stadion Werbung betreiben zu können. Bei den Kölner Haien zeigt im letzten Power Break Sharky seinen berühmten Sharky Dance auf dem Eis.

Pre-Game-Skating

Am Tag eines Spiels, meistens sieben bis acht Stunden vor Anpfiff, geht die Mannschaft für eine kurze Trainingseinheit auf das Eis, um ein paar leichtere Übungen zu machen. Dies ist Teil einer festgelegten Vorbereitungsroutine, um dann fokussiert ins Spiel zu gehen.

Scouten

Suche und Auswahl besonders guter Spieler für den Kader.

Shinney

Eine einfache Version des Hockeys, die auf der Straße, dem Eis oder auf einem Feld mit Schläger und einem Ball oder einer Dose als Ersatz für den Puck gespielt wird. Shinney gilt als Vorläufer des Eishockeys.

Skillscoach

Als Teil des Trainerteams ist er besonders darauf spezialisiert, den Spielern die optimale Schuss- oder Lauftechnik beizubringen.

Spieleragent

Nahezu jeder Profisportler hat einen oder mehrere Spieleragenten. Er kümmert sich um alle Vertragsangelegenheiten des Spielers und um seinen Karriereweg.

Stanley Cup

Die wichtigste Eishockeytrophäe der Welt. Der Stanley Cup wird jedes Jahr dem Play-off-Gewinner der NHL, also der nordamerikanischen Eishockey-Profiliga verliehen.

Trash Talk

Englisches Wort für „Müll reden" oder „Blödsinn quatschen". In einem Eishockeyspiel dient Trash Talk dazu, den Gegner zu provozieren oder zu verunsichern.

Zamboni

Maschine für die Eisaufbereitung, benannt nach ihrem Erfinder, dem US-Amerikaner Frank J. Zamboni (1901-1988).

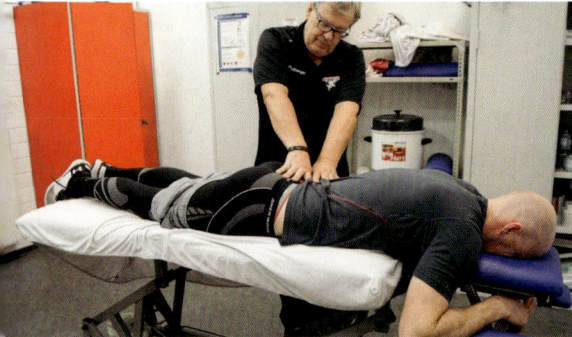

Danke!

Dieses Buch ist vor allem durch das Engagement der vielen Kölner Haie zu einem lesenswerten Stoff geworden. Herzlichen Dank an große und kleine Fische, Profis und Junghaie, Trainer und Fans für spannende Einblicke hinter die Eishockey-Kulissen. Ein herzliches Dankeschön geht an Philippe Rasch für starke Nerven und die Unterstützung bei der Organisation von Fototerminen. Ganz besonders danken wir Naoki Tomita für seinen unermüdlichen Einsatz rund um dieses Buch und Antworten auf unendlich viele Fragen. Detlef Langemann und allen Haie-Legenden danken wir herzlich für jede Menge Insiderwissen und mitreißende Geschichten von früher.

IMPRESSUM

Bibliografische Information der Deutschen Nationalbibliothek

Die Deutsche Nationalbibliothek verzeichnet diese Publikation in der Deutschen Nationalbibliografie; detaillierte bibliografische Daten sind im Internet über **https://portal.dnb.de** abrufbar.

1. Auflage 2019

© J.P. Bachem Verlag, Köln 2019

Herausgeber: KEC Kölner Eishockey-Gesellschaft „Die Haie" mbH

Text: Peter Schönberger

Redaktion: Daniela Mutschler, Carolina Bosch

Lektorat: Dr. Markus Weber

Layout: Giannina Torrano, Petra Drumm

Druck und Bindung: Belvédère Art Books, Niederlande

ISBN 978-3-7616-3189-8 Buchausgabe

ISBN 978-3-7616-3354-0 PDF

ISBN 978-3-7616-3355-7 EPUB

ISBN 978-3-7616-3356-4 MOBI

FSC
www.fsc.org
MIX
Aus verantwortungs-
vollen Quellen
FSC® C023577

BILDNACHWEIS
AMG: 35 M., 35 u. r., 37 M. r., 37 u. l.; AMG/Louis Buerk: 35 o.; Archiv H. Berger: 13 o.; Archiv J. Heiß: 15 M. r., 15 u.; Archiv D. Langemann: 12 M. l., 13 M. l., 61 o.; Archiv J. Mayr: 13 M. r.; Archiv L. Zimmer: 63 (5); City Press: 28 u. r.; David Kreibich: 4 o. r., 5 u. l., 16 M., 37 M., 46 M., 47 M.; Dietmar Clotten: 8 o., 8 u. l., 9 o. l., 16 M., 18/19, 20 o., 22 M., 28 o., 29 u., 42/43, 44 o., 47 o. r., 48 o., 48 u. r., 51 M. r., 58 o., 62 (2); DEL/City-Press: 30 (Logos), 31 (Logos); Petra Drumm: 2, 3, 4 o. l., 4 u. r., 5 o. r., 9 o. r., 9 M. r., 11 u. r., 13 M. l., 14 u. l., 20 u., 23 M. r., 24 u., 26 o., 27 o. r., 27 M. r., 28 M., 30 u. l., 34 M., 36 o., 36 u. l., 37 o. r., 38 o., 38 M., 39 M., 39 u. l., 40, 41, 45 u. l., 46 o., 46 u. l., 47 M., 48 M., 48 M., 48 u. l., 50 o., 50 M. r., 50 u. l., 51 M. l., 51 l., 52/53, 55 M., 55 M. r., 59 u. l., 60 u., 61 l., 62 (1,3), 63 (1, 3, 4, 6), 64 l. (1, 4–6), 64 M. (4, 5), 64 r. (1, 2), 65; Fotolia/Marina: 9 u. l.; 14 u. r., 17 u., 21 u. r., 25 M. r., 39 u. r., 45 u. r., 49 u. l., 55 o. r., 59 M. r.; Fotolia/Warpaintcobra: 11 u. r., 13 u. r., 15 u. r., 28 u. r., 30 o. l., 35 u. r., 36 u., 49 u., 55 u. r., 57 o. r., 59 u. l., John Henderson, courtesy McGill University Athletics & Recreation: 10/11; Armin Höhner: 44 u. l., 45 o. l., 45 M. l., 45 u. r.; Imago/Action pictures: 9 u. r.; Imago/Horstmüller: 12 M. r.; Imago/mika: 21 u. l.; Imago/Sven Simon: 25 u., 30 u. l.; Imago/Eduard Bopp: 29 M.; Imago/Herbert Bucco: 45 o. r.; Imago/Manngold: 46 u. r.; Imago/Norbert Schmidt: 61 M.; KEC: 5 u. r., 8 u. r., 29 o., 34 M. l., 36 M., 36 u., 44 u. l., 47 o. l., 50 M. r., 51 o. r., 58 u. l., 59 o. r., Nachsatz; Dieter Knöpfle: 38 u., 39 o. r., 39 M. r.; Paul Meixner: 4 M. (Helm), 4 u. l., 14 o., 14 M. r., 15 o. l., 15 M. l., 15 M., 15 M. r., 15 u. l., 17 M., 17 u., 55 u. l., 59 (Schläger), 60 o., 63 (2), 64 l. (3), 64 M. (2,6); Notman Archives, courtesy McGill University Athletics & Recreation: 11 o. r.; picture alliance/Augenklick/Roth: 6/7; Roth Foto: 12 o., 12 u., 31 u. r.; Steffen Thaut: 5 M., 5 M. r., 54 o. l., 54 u. l., 56 u., 57 u. r.; Kai Tiegelkamp: Vorsatz, 1, 9 u. l., 17 o., 25 o., 32/33, 34 o., 54 u. r., 58 M., 59 M., 59 u. r.; Angelo Torrano: 5 o. l., 5 M., 34 u. l., 35 u. l., 49 o., 49 M., 62 (4), 64 l. (2), 64 M. (1, 3), 64 r. (3, 5, 6); Giannina Torrano: 4 M. (Spieler), 16 o., 21 o., 22 o., 22 u., 23 o., 23 u., 24 o., 24 M., 25 M., 26 u., 27 o. r., 27 M. l., 27 M., 27 u., 34 u. r., 49 u., 54 o. r., 55 o. l., 56 o., 56 M., 57 o., 57 M. r., 57 u. l., 62 (5, 6), 64 r. (4)

Titel: David Kreibich: u. l., u. M.; Imago/Beautiful Sports: o.; Giannina Torrano: u. r.
Buchrückseite: Dietmar Clotten: u. l.; Petra Drumm: o. l., o. M., u. l.; David Kreibich: u. M., o. l.; Roth Foto: M. l.; Giannina Torrano: o. r., u. r.

Wir haben uns bemüht, für alle Abbildungen die entsprechenden Inhaber der Rechte zu ermitteln. Sollten dennoch Ansprüche offen sein, bitten wir um Benachrichtigung.